BEI GRIN MACHT SICH IHR WISSEN BEZAHLT

- Wir veröffentlichen Ihre Hausarbeit,
  Bachelor- und Masterarbeit

- Ihr eigenes eBook und Buch -
  weltweit in allen wichtigen Shops

- Verdienen Sie an jedem Verkauf

Jetzt bei www.GRIN.com hochladen und kostenlos publizieren

Andreas Bonß

Unterrichtsentwurf für den Hochsprung (Klasse 9)

GRIN Verlag

Bibliografische Information der Deutschen Nationalbibliothek:

Die Deutsche Bibliothek verzeichnet diese Publikation in der Deutschen National-
bibliografie; detaillierte bibliografische Daten sind im Internet über http://dnb.d-
nb.de/ abrufbar.

Dieses Werk sowie alle darin enthaltenen einzelnen Beiträge und Abbildungen
sind urheberrechtlich geschützt. Jede Verwertung, die nicht ausdrücklich vom
Urheberrechtsschutz zugelassen ist, bedarf der vorherigen Zustimmung des Verla-
ges. Das gilt insbesondere für Vervielfältigungen, Bearbeitungen, Übersetzungen,
Mikroverfilmungen, Auswertungen durch Datenbanken und für die Einspeicherung
und Verarbeitung in elektronische Systeme. Alle Rechte, auch die des auszugsweisen
Nachdrucks, der fotomechanischen Wiedergabe (einschließlich Mikrokopie) sowie
der Auswertung durch Datenbanken oder ähnliche Einrichtungen, vorbehalten.

Impressum:

Copyright © 2013 GRIN Verlag GmbH
Druck und Bindung: Books on Demand GmbH, Norderstedt Germany
ISBN: 978-3-656-90091-7

Dieses Buch bei GRIN:

http://www.grin.com/de/e-book/288193/unterrichtsentwurf-fuer-den-hochsprung-
klasse-9

GRIN - Your knowledge has value

Der GRIN Verlag publiziert seit 1998 wissenschaftliche Arbeiten von Studenten, Hochschullehrern und anderen Akademikern als eBook und gedrucktes Buch. Die Verlagswebsite www.grin.com ist die ideale Plattform zur Veröffentlichung von Hausarbeiten, Abschlussarbeiten, wissenschaftlichen Aufsätzen, Dissertationen und Fachbüchern.

Besuchen Sie uns im Internet:

http://www.grin.com/

http://www.facebook.com/grincom

http://www.twitter.com/grin_com

Schriftliches Unterrichtskonzept
doc 10,1

Referendar: Andreas Bonß   **Datum:** 02.05.2012

Schule:
Kurs: 9 A
Fach: Sport
Zeit: 11.30 Uhr – 12.15 Uhr
Raum: Sporthalle

Fachlehrerin:	Frau M.
Fachleiter:	Herr T.
Hauptseminarleiter:	Herr S.
Ausbildungskoordinator/in:	Frau H., Herr Ha.

Thema des Unterrichtsvorhabens:
„Hochsprungwettkämpfe absolut und relativ" – Die Bedeutung der motorischen Leistung sowie ihrer absoluten und relativen Messung und Bewertung am Beispiel Hochsprung.

Thema der Unterrichtsstunde:
(5. Std. in der Reihe)
„Höhe ist nicht alles!" Individuelles Erproben, Auswerten und Vergleichen relativer Leistungsmessung beim Hochsprung unter besonderer Berücksichtigung von Körpergröße und Sprungkraft, um Relativität von Leistung erfahrbar zu machen.

Thema der vorhergehenden Stunde:
„Top of the Flops" – Bearbeitung einer methodischen Reihe zum Fosbury-Flop, um in einem Wettkampf die individuelle Maximalhöhe zu erreichen.

Thema der nächsten Stunde:
Entwickeln, Erproben und Auswerten eigener relativer Wettkampfformen im Hochsprung und Auswahl eines Sprungwettbewerbes zur Durchführung in der Klasse.

Zentrales Stundenziel:
Die Schülerinnen und Schüler erweitern ihre Urteilskompetenz, indem sie individuell zwei Formen der relativen Leistungsmessung kennenlernen, erproben und mit der absoluten Leistungsmessung der letzten Stunde vergleichen und abschließend bewerten.

Pädagogische Perspektiven und Inhaltsbereiche:
Leitende Pädagogische Perspektiven:
      Das Leisten erfahren, verstehen und einschätzen (D)
      Wahrnehmungsfähigkeit verbessern und Bewegungserfahrungen erweitern (A)

Leitender Inhaltsbereich:
    Laufen, Springen, Werfen – Leichtathletik (3)
Weiterer Inhaltsbereich:
    Wissen erwerben und Sport begreifen (10)

Teillernziele:

-      Motorische Lernziele (MotLZ):

        - Die Schülerinnen und Schüler verbessern ihre motorischen Fertigkeiten im
          Hochsprung, indem sie an den beiden Stationen ihre Technik festigen und ihr
          Bewegungsrepertoire vergrößern. (1)

        - Die Schülerinnen und Schüler erweitern ihre motorische Selbstwahrnehmung,
          indem sie an den beiden Stationen ihre Leistungsfähigkeit einschätzen und
          gezielt individuell optimieren. (2)

-      Kognitive Lernziele (KLZ):

        - Die Schülerinnen und Schüler festigen ihre Beobachtungs-/Urteilskompetenz,
          indem sie die eigene und fremde Sprungleistung besser verstehen, einschätzen
          und bewerten können. (1)

        - Die Schülerinnen und Schüler erweitern ihre Sachkompetenz, indem sie
          erkennen, dass für die Leistungsmessung feste Kriterien benötigt werden. (2)

        - Die Schülerinnen und Schüler erweitern ihre Sachkompetenz, indem sie
          herausarbeiten, dass die Komponenten Körpergröße und Sprungkraft großen
          Einfluss auf die Leistung in den beiden relativen Wettkämpfen haben. (3)

-      Sozial-affektive Lernziele (S-ALZ):

        - Die Schülerinnen und Schüler erweitern ihre Wahrnehmungskompetenz, indem
          sie durch die Unterscheidung von absoluter und relativer Leistungsmessung die
          Leistung anderer anerkennen und wertschätzen. (1)

Lerngruppenanalyse

In der von Frau M. unterrichteten Klasse 9A hospitiere ich seit einigen Wochen und
unterrichte seit zwei Doppelstunden. Das Unterrichtsvorhaben „Hochsprungwettkämpfe
absolut und relativ" unter der pädagogischen Perspektive (D) „Das Leisten erfahren,
verstehen und einschätzen" soll den Schülerinnen und Schülern am Beispiel der
Leichtathletikdisziplin Hochsprung Leistungssituationen näher bringen. Dabei sind die
Berücksichtigung individueller Voraussetzungen und der individuelle Leistungsfortschritt von
größerer Bedeutung als die Orientierung an absoluten Leistungsnormen.[1] Ausgehend von der
herkömmlichen absoluten Leistungsmessung sollen in diesem Unterrichtsvorhaben
Möglichkeiten relativer Leistungsmessung kennengelernt, entwickelt und ausprobiert

---

[1] Ministerium für Schule, Wissenschaft und Forschung des Landes Nordrhein-Westfalen (Hrsg.): Richtlinien
und Lehrpläne für die Sekundarstufe I – Gesamtschule in Nordrhein-Westfalen. Sport. Düsseldorf 2001, S.81-85.

werden.[2]

Die Vorkenntnisse der Klasse würde ich im Inhaltsfeld 3 (Laufen, Werfen, Springen – Leichtathletik), im Bezug auf Hochsprung, als sehr homogen einschätzen, da es nur eine Schülerin ohne Vorerfahrung im Bereich Hochsprung gab. Die Leistungen allerdings differieren verständlicherweise auf Grund von unterschiedlichen körperlichen Voraussetzungen individuell sehr stark.

Mit den Lernenden wurden gemeinsam die Voraussetzungen für die heutige Stunde geschaffen. In einer Einführungsstunde wurden nach intensiver Thematisierung der Landung erste Sprungerfahrungen gesammelt. Die Landung wurde gezielt vorher behandelt, da nicht verantwortet werden kann die Lernenden selbst das Springen, ohne vorherige Ausbildung in der Landung, erproben zu lassen. Die Schülerinnen und Schüler kennen somit die Technik der Landung und können angstfrei rückwärts über die Latte oder die Schnur springen.[3] Der Auf- und Abbau der Hochsprungstationen ist ihnen ebenso bekannt wie Komponenten einer komplexen Hochsprungleistung. Die beiden heute zu behandelnden relativen Verfahren zur Leistungsmessung sind der Lerngruppe unbekannt. Kognitive Phasen kennt die Lerngruppe sowohl aus dem Unterricht von Frau M. als auch aus dem aktuellen Unterrichtsvorhaben und sie beteiligt sich rege daran.

Didaktisch-methodischer Kommentar

Zu der in den Richtlinien vorgesehenen Obligatorik für das Fach Sport gehört die Beschäftigung mit dem Inhaltsbereich 3 „Laufen, Springen, Werfen – Leichtathletik".[4] Das Unterrichtsvorhaben „Hochsprungwettkämpfe absolut und relativ" steht dabei unter der Pädagogischen Perspektive D: „Das Leisten erfahren, verstehen und einschätzen".[5]

Die Schwerpunkte liegen in dieser Stunde im Kennenlernen und Erproben von relativen Leistungsmessungen und deren Vergleich mit der absoluten Leistungsmessung aus der Vorstunde. Dabei sollen die Lernenden den Einfluss der Faktoren Körpergröße und Sprungkraft auf die Leistungsmessung und dadurch die Relativität eigener und fremder motorischer Leistung erfahren und erkennen. Die Fähigkeit, eigene und fremde Leistungen besser einordnen und verstehen zu können, soll die sozialen Erfahrungen der Lernenden fördern.

Der Gedanke des Leistungsvergleichs ist bei vielen Lernenden unablässig vorhanden und gehört zum Sport dazu, hat aber gerade in der Leichtathletik den Nachteil, dass er oft nur für die motorisch starken Schülerinnen und Schüler interessant ist. In diesem Unterrichtsvorhaben soll durch das Aufgreifen des Wettkampfgedankens die Chance genutzt werden konstruktiv und pädagogisch auf den Leistungsbegriff der Schülerinnen und Schüler einzuwirken. Sie sollen erfahren, dass durch ein absolutes Bewertungssystem für einige Mitschüler die Gefahr besteht andauernd zu den Schwachen und zu den Verlierern bei Wettkämpfen zu gehören, weil gerade eine geringe Körpergröße und ein hohes Körpergewicht auch bei bester Technik keine Höchstleistungen zulassen. Daher sollen die Lernenden erkennen, dass ein kritisches Hinterfragen der absoluten Leistungsmessung im Sportunterricht notwendig ist. Die Begeisterung vieler Lernender für die klassische Leichtathletik hält sich in Grenzen. Durch relative Wettkampfformen kann ein positives Verhältnis zur Leichtathletik und zum Sportunterricht im Allgemeinen gefördert und die Leistungsbereitschaft der Lerngruppe gesteigert werden. Wenn nicht immer dieselben Schülerinnen und Schüler bei Wettkämpfen auf den hinteren Rängen landen sollen, können

---

[2] vgl. ebd. S. 87.
[3] Beckmann, H.: Hoch springen – warum eigentlich rückwärts? Hochsprungtechniken erproben und begreifen, in: *Sportpädagogik* (1) 2006, S. 41-45.
[4] vgl. Richtlinien und Lehrpläne für die Sekundarstufe I - Gymnasium/Gesamtschule in NRW. Sport, Frechen 2001, S. 43.
[5] vgl. ebd. S. 37.

solche neuen Wettkampfideen für mehr Spannung und Abwechslung sorgen. Außerdem können, die für den Hochsprung körperlich „weniger geeigneten", Schülerinnen und Schüler durch mehr Chancengerechtigkeit bei diesen relativen Formen des Wettbewerbs besser motiviert werden diese und andere leichtathletische Disziplinen, auch im Wettkampf, als interessant und Freude bringend zu empfinden.

Es wird in dieser Stunde bewusst darauf verzichtet die Lernenden in Gruppen selbstständig relative Wettkampfformen im Hochsprung entwickeln zu lassen, da sie heute zunächst zwei Möglichkeiten dieser Kategorie kennenlernen sollen. Auf der Basis der Ergebnisse dieser Unterrichtsstunde sollen die Schülerinnen und Schüler in der nächsten Stunde weitere leistungstragende bzw. leistungsbeeinflussende Faktoren für den Hochsprung wie Gewicht, Anlaufform und -geschwindigkeit oder Sprungtechnik in der selbstständigen Erarbeitung von relativen Wettbewerben berücksichtigen.

Der Gegenstand Hochsprung ist für dieses Unterrichtsvorhaben besonders geeignet, weil er sehr konkret und anschaulich unterschiedliche körperliche und motorische Voraussetzungen und deren Einfluss auf die Sprunghöhe, also die absolute Leistung, sichtbar werden lässt. Die heutige Unterrichtsstunde steht in engem Zusammenhang mit der vorangegangenen Unterrichtsstunde. In dieser wurde mit der Lerngruppe der Fosbury-Flop erarbeitet, den sie heute an einer Station einsetzen kann. Ebenso kann an das Wettkampfergebnis der letzten Stunde in der Reflexion der heutigen Stunde angeknüpft werden, um die Ergebnisse miteinander in Beziehung zu setzen.

Das gesamte Unterrichtsvorhaben wurde, wie bereits in der Lerngruppenanalyse erwähnt nach der Zergliederungsmethode gestaltet, um für den Hochsprung sichere Voraussetzungen zu schaffen.[6] Ein zusätzliches Argument ist meiner Ansicht nach, dass eine befriedigende Leistung erst mit der grundlegenden Beherrschung der Technik möglich wird, sodass dem Erlernen der Technik zunächst ausreichend Platz gegeben werden muss. Prinzipiell denkbar wäre auch hier eine ganzheitliche Vermittlung, was mir allerdings im Bereich Hochsprung mit seinen doch vorhandenen Gefahren wenig sinnvoll erscheint.

Das methodische Vorgehen dieses Unterrichtsvorhabens ist deshalb prinzipiell deduktiv angelegt wobei der Lehrer die Rolle des Unterweisers einnimmt. In der heutigen Stunde verändert sich dies auf Grund der Zielformulierung etwas, da heute nach der Erwärmung eine Bewegungslandschaft zur Verfügung gestellt wird, wobei der Lehrer als Betreuer fungiert.[7]

Der Stundeneinstieg wird vor der gemeinsamen Erwärmung problemorientiert durch einen visuellen Impuls eingeleitet. Eine Karikatur[8] verdeutlicht die Problematik der traditionellen Leistungsmessung im Hochsprung des Sportunterrichts. Die Lernenden werden durch diesen Impuls auf die spezifische Thematik der Unterrichtsstunde hingelenkt und ihr emotionales Interesse daran wird verstärkt. So wird der Lerngruppe die Erfahrung mit der absoluten Leistungsmessung in Erinnerung gerufen und, ausgelöst durch die Karikatur, die Problematik dieser Bewertung deutlich. Anschließend sollen die Lernenden die Platzierung einer Gruppe aus der letzten Stunde aufgrund der genannten Leistungsfaktoren reflektieren. Es stellt sich die Frage nach einer alternativen/relativen Leistungsmessung. Die Lernenden sollen in der Problematisierungsphase, anhand der Karikatur ihnen bekannte leistungsbeeinflussende Komponenten im Hochsprung erkennen und benennen wie Körpergröße, Gewicht, Erfahrung, allgemeine Sportlichkeit, Schnelligkeit, Technik, Sprungkraft usw.

Die Gruppeneinteilung für die Ergebnissicherung erfolgte bereits im absoluten Wettkampf seitens der Lehrkraft, um eine leistungsheterogene Gruppe zu ermöglichen, weil schon in der Gruppe die Unterschiede deutlich und von den Lernenden erarbeitet werden sollen, die sich aus den körperlichen Voraussetzungen der Schülerinnen und Schüler ergeben.

Es wurde aus Gründen der Binnendifferenzierung bewusst an den Stationen auf die zwingende Überquerung einer Hochsprunglatte verzichtet und eine Easy-Flop

---

[6] Schaller, H.-J.: Die großen Spiele, Aachen 1994, S. 39.

[7] Vgl. beide methodischen Vorgehensweisen sind bei Kretschmer zu finden: Kretschmer, J. Betreuen und Unterweisen. In: Didaktik des Schulsports, Schorndorf 2000, S. 121-143.

[8] Traxler, H.: Chancengleichheit. In: http://www.foerderlehrer.info/bilder/kar.jpg (28.04.2012)

Hochsprunglatte als Alternative bereitgelegt, um Hemmungen und Ängste bei den Lernenden zu vermeiden und das Verletzungsrisiko zu minimieren. Hier handelt es sich um eine Differenzierung durch Geräteanforderungen.[9] Alle Lernenden erhalten die gleiche Chance, auf der Grundlage ihrer individuellen Voraussetzungen differente Bewegungslösungen in die Thematik einzubringen.[10] Die Auswahl der Anlaufform, des Absprungs (einbeinig oder beidbeinig) und der Überquerungstechnik ist den Lernenden überlassen. Bereits in der letzten Stunde wurde die Flop-Technik erarbeitet, um die maximale Sprunghöhe zu erreichen. Diese Technik werden die meisten Lernenden einsetzen.

Die individuelle Bestleistung mit Namen und Platzierung in der jeweiligen Gruppe wird auf großen Ergebnisbögen von den Inaktiven gesammelt, um dies in der anschließenden Reflexionsphase als Gesprächgrundlage zu nutzen.

In der Erarbeitungsphase sollen die Lernenden auf der Grundlage von Stationskarten in den ihnen bekannten Gruppen zwei relative Wettkampfformen (Jump- and Reach[11] / Differenz zwischen Körpergröße und Sprunghöhe[12]) kennenlernen und erproben. Das Festhalten der Platzierungen aus diesen beiden Wettkampfformen auf dem Plakat soll dazu dienen, in der Abschlussreflexion einen Überblick über die Ergebnisse aller drei Wettkämpfe der Gesamtgruppe zu bieten, damit konkrete Anhaltspunkte für die Abschlussreflexion geliefert werden. Exemplarisch wird in der Auswertung nur ein Gruppenplakat vorgestellt. Die jeweiligen Gruppen sollen sich außerdem überlegen welche in der Problematisierungsphase nochmals angesprochenen Leistungsfaktoren in den relativen Wettkampfformen berücksichtigt worden sind.

In der Abschlussreflexion erfolgt ein Austausch über die Veränderungen in der Platzierung der drei Wettkampfformen. Anschließend wird die Frage in Rückbezug auf die Karikatur erörtert, inwieweit die relativen Wettkampfformen eine gerechtere Leistungsmessung als die absolute Bewertung darstellen. Dabei sollen die Lernenden die Leistungsfaktoren, die in den relativen Wettkämpfen Berücksichtigung gefunden haben, benennen. Abschließend sollen die Schülerinnen und Schüler überlegen welche weiteren Leistungsfaktoren in relativen Wettkämpfen berücksichtigt werden können und wie ein solcher Wettkampf aussehen könnte.

Mögliche Schwierigkeiten sehe ich bei der Zeitplanung der Stunde durch die Umbauten an der Station zur Differenz von Körpergröße und Sprunghöhe. Es könnte bei strikter Einhaltung der Ergebnisgruppen so zu Verzögerungen kommen. Deshalb habe ich mich dazu entschieden zwei große Gruppen, aus den Auf- und Abbaugruppen, einzuteilen und sich die Lernenden selbst einschätzen zu lassen. Die drei Anlagen variieren deshalb in der Einstiegshöhe. Eine Station startet bei 0,9m, eine bei 1,1m und eine startet bei 1,3m. So kann stetig gesteigert werden. Zusätzlich werden die Lernenden darauf hingewiesen, dass sie zwar insgesamt maximal drei Sprünge haben, allerdings diese auch in 12Min. absolviert sein müssen.

Im Sinne der didaktischen Reduktion wurde das Gerätearrangement auf zwei Stationen beschränkt. Es wäre durchaus denkbar weitere Stationen, wie z.B. den Sprunggürteltest[13] anzubieten, aber es soll den Kursteilnehmern an jeder Station auch Zeit gegeben werden die Bewegungsaufgaben auszuprobieren und ihre Leistungsgrenzen auszuloten. Weitere relative Wettkämpfe wären beispielsweise in Bezug auf Gewicht und Anlauf denkbar, was allerdings für die nächste Stunde angedacht ist. Heute soll sich der Fokus auf die Körpergröße und die Sprungkraft richten.

Die gemeinsame Erwärmung halte ich für dringend notwendig, um die Lerngruppe ausreichend auf die folgenden explosiven Sprünge vorzubereiten. Auch ein vorbereitendes

[9] Stemper, T.: Differenzierung des Sportunterrichts. In: Sportunterricht, 31. Jg. (1982), 8, S. 286 f.

[10] Laging, R. Differenzieren im Sportunterricht. In: Sportpädagogik (2004), 2, S. 4-9.

[11] Bös, K. & Tittlbach, S.: Motorische Tests - für Schule und Verein - für jung und alt. In: Sportpraxis Sonderheft, (2002), 43, S. 47.

[12] Nach dem folgenden Vorbild: http://www.schule-gloewen.de/plattenburg/schnappschuesse/watussi-hochsprung_-_kampf_um_die_geringste_differenz_38019.html (28.4.2012)

[13] Bant, H. et al: Sportphysiotherapie, Stuttgart 2011, S. 97.

Dehnen zur Vorbereitung halte ich hier für sinnvoll.[14] Mir ist bewusst, dass die Lerngruppe sich in der Bewegungszeit an den Stationen nicht dauerhaft bewegt, sehe dies aber durch die explosiven Sprünge und die damit einhergehende Belastung als gerechtfertigt.

Die Stationen sind so gewählt, dass es möglich sein sollte, dass jeder Kursteilnehmer zwei unterschiedliche Relativwettkämpfe wahrnimmt. Die Station "Jump and Reach" zielt auf die Sprungkraft ab. Die Station "Differenzsprung" auf den wichtigen Einflussfaktor Körpergröße. Beide Stationen sind auf Basis der leitenden pädagogischen Perspektive D als Wettkampf angelegt und die Ergebnisse der von der Lehrkraft eingeteilten Gruppen dienen als Reflektionsgrundlage.

In einer abschließenden Reflektionsphase sollen die Kursteilnehmer ihre Beobachtungen anhand der Ergebnistabellen beschreiben (AFB I), die zu Grunde liegenden Leistungsfaktoren der relativen Wettkämpfe benennen (AFB I-II) und die erzielten Ergebnisse miteinander vergleichen (AFB II). In Rückbezug auf die Karikatur wird die Frage erörtert, inwieweit die relativen Leistungsmessungen eine gerechtere Leistungsmessung als die absolute Bewertung darstellen (AFB III). Es kommt hier darauf an, dass Leistungsmessung nur anhand von vorher festgelegten Bewertungskriterien stattfinden kann. Abschließend, oder als Hausaufgabe, soll die Lerngruppe überlegen, welche weiteren Leistungskomponenten in relativen Wettkämpfen berücksichtigt werden könnten und wie ein solcher Wettkampf aussehen könnte.

Anhang:

Literaturverzeichnis
Verlaufsplan
Arbeitsaufträge für inaktive Schülerinnen und Schüler
Antizipiertes Tafelbild

---

[14] Meinel, K. & Schnabel, G.: Bewegungslehre Sportmotorik. Abriss einer Theorie der sportlichen Motorik unter pädagogischem Aspekt, Aachen 2007, S. 237.

Literaturverzeichnis:

Bant, H. et al: Sportphysiotherapie, Stuttgart 2011.

Beckmann, H.: Hoch springen – warum eigentlich rückwärts? Hochsprungtechniken erproben und begreifen, in: *Sportpädagogik* (1) 2006.

Bös, K. & Tittlbach, S.: Motorische Tests - für Schule und Verein - für jung und alt. In: Sportpraxis Sonderheft, (43) 2002.

Kretschmer, J. Betreuen und Unterweisen. In: Didaktik des Schulsports, Schorndorf 2000.

Laging, R. Differenzieren im Sportunterricht. In: Sportpädagogik (2) 2004.

Meinel, K. & Schnabel, G.: Bewegungslehre Sportmotorik. Abriss einer Theorie der sportlichen Motorik unter pädagogischem Aspekt, Aachen 2007.

Ministerium für Schule, Wissenschaft und Forschung des Landes Nordrhein-Westfalen (Hrsg.): Richtlinien und Lehrpläne für die Sekundarstufe I – Gesamtschule in Nordrhein-Westfalen. Sport. Düsseldorf 2001.

Richtlinien und Lehrpläne für die Sekundarstufe I - Gymnasium/Gesamtschule in NRW. Sport, Frechen 2001.

Schaller, H.-J.: Die großen Spiele, Aachen 1994.

Stemper, T.: Differenzierung des Sportunterrichts. In: Sportunterricht, 31. Jg. (8) 1982.

Internetquellen:

Traxler, H.: Chancengleichheit. In: http://www.foerderlehrer.info/bilder/kar.jpg (28.04.2012).

http://www.schule-gloewen.de/plattenburg/schnappschuesse/watussi-_hochsprung_-_kampf_um_die_geringste_differenz_38019.html (28.4.2012).

Verlaufsplan

Thema der Unterrichtsstunde:
„Höhe ist nicht alles!" Individuelles Erproben, Auswerten und Vergleichen relativer Leistungsmessung beim Hochsprung unter besonderer Berücksichtigung von Körpergröße und Sprungkraft, um Relativität von Leistung erfahrbar zu machen.

Zentrales Stundenziel:
Die Schülerinnen und Schüler erweitern ihre Urteilskompetenz, indem sie individuell zwei Formen der relativen Leistungsmessung kennenlernen, erproben und mit der absoluten Leistungsmessung der letzten Stunde vergleichen und abschließend bewerten.

t	Phase	Inhalt/Handlungsfolge	Organisations-/Sozialform	Material	Didaktisch-methodischer Kommentar
'4	Einstieg	• Begrüßung / UKW / Vorstellung des Stundenthemas • Auflegen der Karikatur *Tiere mit gleicher Aufgabe; unterschiedliche Voraussetzungen in der Klasse; unfair* • Erklärung des Stundenablaufs • Aufgabenverteilung an inaktive Schüler	Sitzkreis Plenum / UG	Tafel, Stift, OHP, Folie, Arbeitsblätter	Transparenz der Stunde Stundenthema wird fixiert Geplanter Impuls: Beschreibt die Karikatur; Benennt die Kernaussage in einem Satz; Vergleicht das mit dem Ergebnisplakat der letzten Stunde
'8	Aufwärmphase	• Gemeinsame Erwärmung mit dem Springseil • Statisches und dynamisches Dehnen + Mobilisation	Kreisform mit ganzer Klasse	Springseile	Sprungformen mit dem Seil teils auch wettkampforientiert. Zunächst statisch dann dynamisch zur Sprungvorbereitung
'24	Erprobungsphase	• SuS erproben die beiden Wettkampfstationen → „Differenz zw. Körpergröße und Sprunghöhe", „jump and reach" • Wettkampfleistungen auf Plakate eintragen • Inaktive unterstützen an Stationen und Plakaten	Stationsarbeit in Gruppen	Stifte, Ergebnisplakate, Hochsprunganlagen, Magnesia, Maßband, kleine Kästen	Binnendifferenzierung geschieht durch Gerätearrangement und unterschiedl. Leistungsfähigkeit. Lehrer als Betreuer. Ergebnisse als Reflektionsgrundlage MotLZ 1&2; KLZ 1&3; S-ALZ 1

'5	Reflexion	• Problematisierung des Stundenthemas
		• Beschreibung der Ergebnisplakate
		  Andere Sieger, neue Ergebnisse
		• Benennung der entscheidenden Leistungsfaktoren
		  Körpergröße, Sprungkraft
		• Bewertung der relativen Wettkämpfe im Vergleich zu dem absoluten Wettkampf der letzten Stunde
		  fairer für die „Kleinen", unfairer für die „Großen", keine „richtige" Aussage möglich
		• Nachdenken über weitere relative Wettkämpfe (evtl. als HA)
			Sitzkreis
			Plenum / UG
				Ergebnisplakate
				Tafel, Stifte
					Anknüpfung an letzte Stunde
					Kritischer Umgang mit Leistungsbegriff
					Geplante Impulse:
					Beschreibt die Ergebnisplakate!
					Nennt die entscheidenden Leistungsfaktoren der beiden Stationen!
					Beurteilt die Ergebnisse! Welcher Wettkampf ist gerechter?
					KLZ 1-3; S-ALZ 1

'4	Abbau	• Gemeinsamer Abbau der Stationen	Zwei Gruppen	Hochsprunganlagen, Magnesia, Maßband, kleine Kästen	Aufgeteilt nach zwei bekannten Gruppen.

Arbeitsaufträge für inaktive Schülerinnen und Schüler

Handlungsauftrag:

Unterstütze deine Mitschüler, indem Du beim Um- und Abbau der Stationen hilfst. Notiere die Ergebnisse der beiden Wettkämpfe auf den Ergebnisplakaten.

Beobachtungsauftrag für den Stationsbetrieb:

- Beobachte, was die Leistung der Springer an den beiden Stationen entscheidend beeinflusst?

- Inwieweit sind die relativen Wettkämpfe heute eine gerechtere Leistungsmessung, als die absolute Bewertung der letzten Stunde?

Antizipiertes Tafelbild für den Stundenabschluss

Leistungskomponenten: Sprungkraft und Körpergröße

Leistungsmessung: Unterschiedliche Ergebnisse als in der letzten Stunde – liegt an den Zielbestimmungen des Wettkampfes

Gerechtigkeit: Keine Entscheidung möglich – Perspektive muss beachtet werden

$\rightarrow$ **Vor einem Wettkampf müssen Leistungskriterien klar formuliert werden – was wird gemessen!**

Erarbeitete Komponenten einer komplexen Hochsprungleistung:

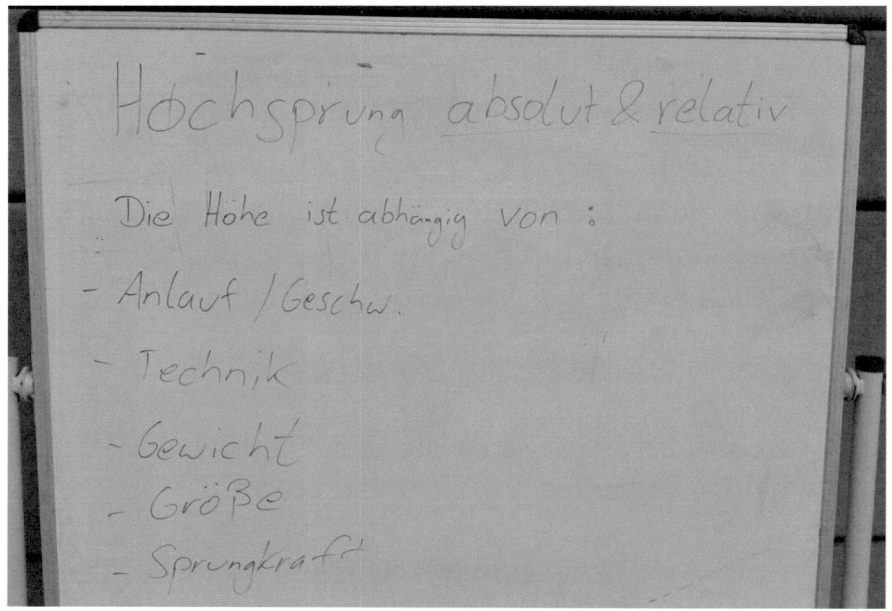

Stationsbeschreibung:

Station 1:
Differenz von Körpergröße und Sprunghöhe

- Schätze Deine Einstiegshöhe mit Hilfe von letzter Stunde selbst ein.

- Springe so hoch du kannst über die Latte.

- Du hast heute INSGESAMT nur DREI Sprünge.

- Die Differenz zwischen Deiner Körpergröße und der Lattenhöhe (Größe-Lattenhöhe) ist Dein Ergebnis.

- Notiere Dein Ergebnis auf Eurem Ergebnisplakat.

Station 2:
Jump and Reach

- Kreide Deine Hände mit Magnesia ein und markiere auf Zehenspitzen Deine Reichhöhe an der Wand.

- Springe aus einer gehockten Position so hoch Du kannst und markiere am höchsten Punkt erneut die Wand.

- Du hast INSGESAMT nur DREI Sprünge.

- Die Differenz zwischen den Abdrücken ist Deine Sprunghöhe.

- Notiere Dein Ergebnis auf Eurem Ergebnisplakat.